Je suis auteur, poète et cinéaste de 50 ans résidant en Belgique, en Brabant Wallon après avoir résidé 4 ans à Jérusalem et un an à Berlin.

Depuis la rédaction et la publication de mes premiers recueils, ma production poétique a connu divers changements.

C'est ce que je compte refléter au cours de ces recueils 11 à 17.

En effet, de par le passé, j'écrivais beaucoup en rapport à mes relations amoureuses physiques; depuis l'été 2019, à mon retour en Belgique de Berlin, ce mode opératoire a changé.

Suite à la rupture avec ma fiancée j'ai publié les 4 opus en anglais, afin de faire le deuil de la relation.

Ensuite, je me suis concentré sur l'écriture à propos de mes muses (Pétillante, Sam, Génie) avec une période de transition.

Il est possible que cette phase corresponde également à une transition, car, aujourd'hui, fin avril 2021, ces volumes 11 à 17 représentent la publication de l'intégrale de mes oeuvres poétiques, dans le but de former une collection complète.

Je suis également occupé à rédiger mon 17 ouvrage, ma seconde oeuvre spirituelle.

Il est intéressant de remarquer la transition que cette série de publications entame: je compte en effet me recentrer au niveau de l'écriture et de la dé-focaliser d'une muse en particulier, pour écrire en m'adressant à un plus grand public.

J'ai remarqué que lorsque j'arrivais à respecter cette règle, mon écriture s'épanouit.

J'espère aussi dans le futur de vous en faire à nouveau bénéficier.

Merci pour votre fidélité,

GABRIEL WAYENBERG

Gabriel

La distance est un monstre

La distance est
Un monstre
Au fil du temps
Qui s'emploie
A l'oubli
Du tout de bon
Ce dont on veut
Qui nous appartient
Et pourtant
Le risque immense
Nous donne cette chance
D'un jour
Nous recroiser

Rires enfantins

Tu es loin de moi
    Et pourtant je me sens
    Près de toi
    C'est à cette première soirée
    Ce premier instant
    Féérique au possible
    Soirée de lumière
    Et cet au-revoir
    Notre premier baiser
    Aux limites
    De l'aérogare
    Pouvoir puissant
    De résister aux demandes
    De l'instant
    Pour pouvoir rêver
    Aux rires de nos enfants

Sextant

◆ ◆ ◆

Un instant
    Sans tourments
    En se penchant

Sur l'avenant
Est-il possible
De découvrir
Après si peu
De s'aimer
En oubliant
Ce qu'il y a
A traverser
Commémoration
Du sextant
Nous montrant
Où aller
Sans tomber

GABRIEL WAYENBERG

Bonne carte

◆ ◆ ◆

Tant qu'il était
    De tance
    Qu'il voulait
    Mener la danse
    Sans savoir
    Ce qu'il était devenu
    Pour elle
    Un être désiré
    En porte-à-faux
    Un peu oublié
    De ses défauts
    Et pourtant elle veillait
    Sur la bonne carte

Escompte affective

◆ ◆ ◆

Te prendre
Pour une escapade
En décembre
Trouver
Tous les bons mots
Pour te parler
N'est-ce pas l'obligeance
De te retrouver
A l'essence
Même de ton être
Sublime de ton escompte
Donc
Je te garde

Petit poisson d'argent

❖ ❖ ❖

Comment te raconter
Qu'une image projetée
Celle de toi
Vue il y a plusieurs mois

A retenu mon attention
Comme lorsqu'on se dit
Voilà une bonne mention
Que l'avenir parfois se perd
Pour se retrouver dans le présent
Pour qu'une faille se crée
Dans les sentiments
Où se faufile
Le petit poisson d'argent

Le Manque

De toi le manque se manifeste
   La chaleur que tu émets m'émeut
   Profondément en sa source
   Puisée de mon cœur
   S'évertue en puissance
   De trouver voie en toi
   Pour te tenir encore
   Merveilleusement
   Dans mes bras

Sans y revenir

Peu de chance
    Que la prose millimétrée
    Ne se sente complexée
    Peu de chance que les mots
    Me soulagent de ce fardeau
    Comment te le dire
    C'est un en-cart nouveau
    Reçu par la rosée
    Mais découvert sans stylo
    Donc sans le déposer
    Tant de choses à se dire
    Pour bénir notre avenir
    Des choses à dire
    Pour avec toi y revenir

Tête de ligne

◆ ◆ ◆

Proximité ou scène et phagocytée
    Elle me met en bien peu d'anxiété
    Pour ne pas dire comme je suis excité

De la voir, ambre sur ses points
De rousseur, esseulée
A la barre d'un navire affrété
Dont la proue lorgne un succès effréné
Cela coule de source
Nos amis invités
Se pâment de nous revoir
En-tête de ligne subjugués

Acteurs de notre passion

❖ ❖ ❖

Nuitée de bonheur
    Passée avant
    Ton couvre-feu
    Heureux acteur
    Que je suis
    De notre passion
    Laisse-moi espérer
    Une rencontre nouvelle
    Avec toi, en beauté
    Comme aujourd'hui
    Tu m'es apparue
    Toute fraîche et belle
    Douce et câline
    Des nuits qui nous mâtinent
    Laisse-moi espérer
    De te revoir en beauté
    Tailleur d'un univers
    Profondément respecté
    Avec valeur
    Me seras-tu escomptée
    Un jour peut-être
    Promise
    Penses-y

Le Comble de l'histoire

Comment te dire
    Encore te parler
    T'expliquer que je me suis trompé
    De ne pas t'avoir prise au sérieux
    De ne pas avoir vu à quel point tu es devenue impor-
    tante à mes yeux
    Tes lèvres à la douce caresse d'automne
    Ces questions dont je sais qu'elles t'exaspèrent
    Pourtant tu t'occupes d'enfants
    Pourquoi ne serait-ce pas les tiens
    Alors tout de go je te dis
    Car après je ne sais comment tu me recevras
    Surtout par écrit
    Cela ne fait-il pas un échange incroyable
    Et puis même
    Tu me combles
    Et c'est cela qui est formidable

Sommes tes désirs

Qu'en ton absence le temps me paraît long
    Les instants interminables et les rêves abscons
    Déjà deux jours ont passé dans ma tête
    Alors que nous ne sommes séparés que depuis midi

C'est donc quatre fois l'après-midi que cela dure
Que ta disparition est ce que j'endure
Avec si peu tu me donnes tant de plaisir
Comment savoir si toi, tu regretteras ce désir
Mais au fond peu m'importe exprimes-toi
Et sommes tes désirs!

Non ne crois pas que je t'aie oubliée
    Car tu rythmes pour moi chaque moment de la jour-
    née
    Et cela malgré ma course effrénée
    J'y parviens tu l'as vu sans trop galérer
    Sans perdre le nord mais surtout sans te perdre toi,
    ma rose des vents
    L'écoutille que tu m'accordes, j'essaie de la ménager
    au bon cours de tes promesses
    Car j'espère que de là nous communiquerons sans
    cesse
    Que l'avenir nous réserve plus que des promesses
    Ok celle de ne plus écrire sur tes f.....

◆ ◆ ◆

Je ne peux que penser savoir
   Ce que cela représente pour toi
   Ce don-là, parmi ce que tu as de plus précieux
   Alors que ton atout me couvre à nouveau
   Comme l'âme du berceau
   Un jeûne de tendresse
   Subi avec souplesse
   Cette preuve qui n'en est pas une
   Meilleure qu'aucune
   À côté de toi libérée
   Je me sentais si coincé
   Mais le plus important
   Est qu'ensemble nous ayons pu passer du temps
   Toujours plus complice
   Comme nos rires qui poussent à ces délices
   Opérés sans artifice
   Que je me méprenne
   A moi
   Sois donc
   Encore une fois

Amitié amoureuse

◆ ◆ ◆

Chaque instant qui papille
   M'extrait un bonheur qui vacille
   Quelque peu
   Il est fragile car il grandit
   Comme un enfant érudit

Assez malin qu'on ne puisse le tromper
Car tu sais pourquoi tu l'as décidé
Incorrigible tu me sais
Pourtant tu as su trouver
La vérité qui permet de se protéger
Le refuge dans l'amitié
L'amour qui ne se tut point
Il s'exprime, fort, dans nos yeux et dans nos corps
Pour la joie de le faire encore
Qu'on ne puisse s'y habituer
Que Sa beauté ne cesse de nous extasier
Et déjà tu me manques
Comment vivrais-je
Sans l'air que tu m'apportes
Sans que, loin, tu ne refermes la porte
Aurais-tu trouvé le secret de l'amour enfermé dans
l'amitié
Toi, génie de la satiété?

Un banc dans la nature

◆ ◆ ◆

Sans jeu d'extase
Tes yeux cachés par le miroir
Larmes coulant le long de tes joues
Instant d'empathie vis-à-vis de ta peine
Je n'en ai point de te consoler
Couple surveillé sur un banc
En pleine nature
Craignais-tu la mienne
De n'être intéressé que par le physique
Tu devrais mieux savoir
Le cœur y est et bat la chamade
A l'idée de te voir, de pouvoir t'effleurer
Car ce mot contient fleur
Et c'est ce que tu me fais
Je le reconnais
Merci à toi d'exister
Reviens-moi vite
Rentrons à la maison

Encor

◆ ◆ ◆

Que l'amour nous abonde
  Plus qu'il ne nous gâte
  Dans sa joie immense
  Encor Il nous appâte
  Comme te voir est bon
  Et que choyés sommes-nous
  D'être ainsi traités
  En souveraineté
  Des émotions régissant
  L'amante et l'amant
  Que de statut spécial
  Aujourd'hui nous héritons
  La valse du giron
  L'estampe de nos actions
  Pour que jamais
  Nous ne nous oublions

Pire qu'haie à vote

◆ ◆ ◆

Chère
  A moi
  Les pétales de rosée

La pluie qui s'abat
Le temps qui s'enfuit
Et comment oublier
Ce temps horizontal
Interdite de baisers
Et pourtant accepté
Comment vivre
Après ces regards
Sans te contenter
Sans même savoir
Si je te comprends
J'espère
Qu'autant je te plais
Car oui toi
Tu as ouvert
Une voie sur mon cœur
Inscris donc notre bonheur
Dans le livre des pères

Amour en fuite

◆ ◆ ◆

Comment mentionner
Ce qui m'ébahit en toi
Ces menues choses
Que l'écartement a produit
En moi
Le désir de te sentir d'une autre façon
De pouvoir t'ouvrir à de nouvelles émotions
Je sais que nous l'avons fait d'une certaine façon
Je ne te dirai pas que j'en suis fier et c'est une bonne
leçon
Toi qui m'as dit que cela te plaisait
As-tu vraiment eu l'occasion de le faire ensemble
avec autant de passion
Je pense que nous avons tant de réserves
Je ne te parle pas de celle que nous émettons
Plutôt des merveilles à côté desquelles nous passons
Pourtant tu as vu comment tu m'as fait frémir
A ce point je n'aurais jamais osé spontanément jouir
Reviens donc
Tu me protèges je sais
Mais si rien ne doit nous séparer
Tu sais rien n'y arrivera
Rien que d'y penser, au temps que nous risquons de
perdre
Évite de te fermer ce que tu es sur le point de faire je
ne saurai jamais l'oublier

Demande à 26

Comme une mélodie écoutée sur une table au coin d'un
    bois
Tu te rappelles la song je l'écoutais pour toi
Tu m'as dit qu'elle te plaisait, et qui c'était qui la
    chantait
Tant de souvenirs qu'on s'apprête à laisser sur le bas-
    côté

Tout ça parce qu'on a parfois du mal à communiquer
Je voudrais te conter l'histoire d'une jeune princesse
car jeune c'est d'esprit pas la fermeté des fesses
Que puis-je te dire
Son prince en est fou
Un jour il voudrait la voir porter
Ses espoirs de descendance gagnés
Parce qu'il voit qu'elle en est capable
Et qu'elle a ce qu'il faut pour vraiment y croire
Tu sais aujourd'hui on fait des miracles
Ce qui hier était dur ou impossible se réalise comme
un charme
Alors la distance sera bientôt vraiment là
Mais tu m'as dit toi même que pour les gens qui
s'aiment vraiment elle n'existe pas

Euh Gémis

Belle comment te prouver le mystère
D'augures sans amour de ne pouvoir y voir guère
De se perdre à non-sens de ton absence
De ne pouvoir subvenir à l'inverse de bon sens
De crier à la mer fatuité sans gage
Comme tenter d'une seule main de nettoyer le Gange
Comme hurler dans le bruit couvert de son sens
Comme privé d'âme en suspens de ses sens
Troublé par ta minceur abdiquée de la mienne
Éprouvée par l'ajout d'une note bohémienne

L'Alicante en somme

C'est en voyant pavoiser
    L'Alicante en somme
    De soubresauts secoués
    Qu'elle tangue sous la coupe
    D'un pieux sonnet à l'écoute
    Du ramage effréné
    D'un bouvreuil échaudé
    Te feras-tu mater
    Par l'amalgame
    Des vers inachevés

Moeurs bafouées

D'un jeune trépas

Hérité de guinguette
L'essorage de sornettes
A coupé à la houlette
Les soirées d'escampette
A l'odeur de sainteté
S'est trouvé hérité
La merveille escomptée
De tous brames effectués
De telle façon habitué
À ne point laisser
Vous habiter
A ces mœurs
Bafouées

Présence immatérielle

◆ ◆ ◆

C'est par la fuite
En s'amourachant
Que le solstice divin
S'est enclin à lui dévoiler

GABRIEL WAYENBERG

Ses desseins les plus cachés
Qu'erre en son ère
La plus belle des aires
Pour qu'en son âme
Illustrée se trouve
Enfin dévoyée
L'aspect tangent
De l'esprit absent
Pourtant toujours présent

Et c'est ainsi que Baudelaire

C'est en amourachant au sud
    Que l'effraie s'ensuivit de communs
    Afin de trouver malsain
    L'or du rivage lointain
    Il ne se peut que de gloire aucune
    Se faisant la manche au frais d'une plume
    Il ne doive saisir que de rêves abscons
    Que ceux qui lui soient tombés du plafond
    Peu encore le comprennent
    Celui qui fait feu de toute flamme
    Se brule à la vue des reflets de son âme

Sur la météo

C'est un jour de novembre
   Situé en aout
   Ou l'onde profonde
   Déglutit ses flots abscons
   Il pleut donc
   Et la journée s'oublie
   Dans la mer des avenants

Subjonctif Maladif

◆ ◆ ◆

Ce n'est point un épitaphe
   Que de se moquer du zèle
   Surtout si c'est des vivants

Mais l'on soupçonne l'origine du mal
Trop étrange au goût de la faille
Faille-il se renseigner au guichet des aveux
A l'air débonnaire des aïeux
A la chute des cheveux
Peur hormonale
Ou saveur injustifiée
Claire à l'aurore des âmes
Il lui faudra vaquer tant et tant encore
Que de souvenir sourcillé
Il ne se voit qu'une pieuvre esseulée

Interlude

C'est par une machiavélique intention
Que je dérobe à mon maître l'intention
D'écrire plutôt au sien qu'au mien
Pour ces quelques textes à venir
Ce seront donc les fleurs du mal
Qui me serviront de base
Et donc de Rimbaud à Baudelaire
Je chavire ma barque
Pour éviter grande misère
Et me targuer de la hargne
Qui échappe à la malédiction
Que faux-frais pourvoiront
A la fondation discrète
De nos arts d'expression

L'homme en fit bien

Rocambolesque héritage du passé
Inférant sur la passe à venir
C'est pourtant du présent qu'il s'enquiert
Batracien amphibie de la soute
Echangée contre un peu d'humidité
Pour qu'il puisse résider à son aise
Sur le faîte de la marche à suivre
Tel un opérateur il convoie
Tant que les autres pourvoient
Et perd pied dans la grande profondeur
De ses mies de papier usés
Origamis de grenouille articulés
Bondissant d'une pression du doigt
A l'œil pour le sot accompli

Colin-maillard du destin

Il s'accapare de tout ce que bon lui semble
Pour ne s'adjuger que de ce qui lui pèse
Mais que de feu ne lui gêne

D'appartenance à feu l'espoir
Des jours passés dans la tourmente
Sans doute aucun sur la gente
Qui lui fut proposée, amarante
En espérance de celle dont il rêvait
Torpeur sombre de ne savoir à qui se fier
Dans l'attente, hésitation et désespoir
A l'aube de celle qui ne sait encore à qui se lier

L'Echappatoire des damnés

Dardé de bon sens
   Il arpente les pourtours
   Bien famés dès environs
   Tancé de sa horde d'espoirs
   Errant comme un ermite
   Il prend la tangente
   Et rentre à l'heure du bain
   Plongé dans ses pensées
   Il dégouline encore
   D'une aspersion vaillante
   Fronçant le visage il pense
   Ce qui ne tend que ses muscles frontaux
   Ne tend à le laisser sommeiller que peu
   En regard de ce qui l'affecte
   Au plus profond de lui
   C'est ainsi que l'homme préoccupé
   Rentre à la nuit pour inférer
   Ce qui lui suggère l'échappatoire des damnés

Indiscible indice

C'est l'énergumène sans faille
Qui se relève sans armes
Comment était il tombé
Cela nul ne le sait
Il a achevé de cacheter
Toutes les lumières
De sa face volontaire
Mais ne saura à qui se fier
Au rendu du masque policé
A couvert et sans plus braver
Il ne se targue pas plus qu'hier
De se tancer de vagues sentiments
Et c'est ainsi que l'écriture chancelle
Victime sans âme d'une pour celle
Qui aura trouvé

La Rhapsodie du change

◆ ◆ ◆

Lorsque déception n'est pas légion
Il n'est point d'énergumène
Suffisamment biseauté mentalement
Pour affronter l'exégèse

Du pôle nord des affres
La froideur inculquée
Des passants égalée
A laquelle ne succombe
Que l'attention aux saltimbanques
Comment expliquer
Ce regain de sympathie
Au grand brigandage
Des fonds de poche
Réservés aux caddys

GABRIEL WAYENBERG

L'écume de vian

❖ ❖ ❖

C'est par le divin accord
   De semblable à ainé
   Retrouver la scansion
   Des vers oubliés
   Que mourra l'abstention
   Du divin orphelin
   De matière à devin
   Qui devint, on devient
   Pourléchant ses pourtours
   Alléchés par épure
   Éphémère et posée
   Sur l'écume du temps
   Qu'il ferait autant
   S'il y avait place
   Pour narrer le content
   Sans décevoir de gens

Sauvé d'une rivière

Astres ouverts
En ciel de ré
Où va la boutade
Que rien ne permet
A être en ode
De prés parsemés
Dytirambique
Et pourtant accessible
Nous rêvons tous
A la larme boutée
D'un instant sauvegardé
De la rivière de pleurs
Heureusement évitée
Modernes tragédies
En enfer d'un jour
Espérons
A la force d'un liseron

Répétition

❖ ❖ ❖

Laine de la haine
Pâture publique
Astreingeante beauté
Qui peuple les aînés

Sous peine de blême
Accordés sous tranche
Il ne se peut, outrance
Singulière et pourtant
Pâmée de haut en bas
Et jugée de chaud ou froid
Il ne se peut
Il ne se peut..

La Chance

◆ ◆ ◆

Bénis de joie et d'abondance
    A travers le monde dans lequel nous vivons
    Apparaissent les marques d'insolence
    Où, évertués nous remontons
    Affranchis des marques d'urgence
    Ce sont de signes d'obédience que nous frisons
    Pour peu de remontrances nous nous observons
    Fixés mais sans souffrance,
    Serait-ce d'allégeance dont nous ne souffrons
    Au petit bonheur la chance
    Au hasard des environs

Chant paillard

◆ ◆ ◆

Et c'est ainsi qu'à la folle prière
    Revient un mot plein de mystère

Rocailleux comme d'antan
Roulant les r comme les gitans
D'aveu de mère il n'est point seul
Adossé au pied d'un grand tilleul
Il s'en mêle autant qu'il peut
Pourvu que ça blême, et puis il pleut
Cette correspondance aux éléments
Lui pourvoit la bouche sans tiraillements
Rien de prévu, pas de tire-au-flanc
Caille basse, bévue, pas en criant
Ainsi va le chant paillard
Douté de mille aveux briscards
Ne faut-il point que jeunesse se fasse
Quoi donc d'étrange à ce qui se passe?

Ames rebiffées

◆ ◆ ◆

Et c'est ainsi qu'endort
La maille des cons énervés
Trouvés dans la fiente
Des mormons éreintés
Il n'est de vol si ce n'est hier

A la marche folle
Des rigolos du vestiaire
Ils n'en prennent garde
Pour se rebiffer en secret
Pour de lame brisée
N'enfanter en secret
Que d'âme lésée
Rebiffée et grondée
Ne laissera
Qu'ombres et palabres
Dans les combles levés
A leur armes hébétées

GABRIEL WAYENBERG

La maille que l'on ne pourfend

La lame du temps pourfend
   Les entrailles de la patience
   Brûle-pourpoint ne tenaille
   De ne connaitre la faim
   De ce qui arrive
   Dresse dans tes exégèses
   Maille de réconfort
   Comme cotte de protection
   Ne perde que de la limaille
   A ne savoir qu'en faire
   Attendre dit-elle
   Conseillère des patients
   Ceux qui savent attendre
   La limite impartie de leurs temps

Vaisseaux de la mer de toutes larmes

Plus que les larmes du ciel
    Ne s'abattent
    Averse d'épure et de bon sens
    N'arrive à l'ondée battante
    Des scarifications opérées sur la terre
    Boitant, éclopé et haletant
    Il ne lui manque que l'arçon
    Pour que ne se plaise l'archi-étiolé
    De sa franchise, la mer de toute larmes
    Elle pleut, mousse de l'écume
    Et pleure ses vassaux incompris
    Autant de vaisseaux qui demeurent au fond d'elle

Offrande gratuite

◆ ◆ ◆

Les allures de platane
    Se découpant à la limite
    Soutirée du dos-d'âne
    Retourne je cite
    A la clé médiane

Trouée de mite
Accent d'Espagne
Arrivée trop vite
A l'air de la montagne
Aux confins du coït
Donnant des airs de bagne
A l'offrande gratuite
Par ménestrels induite
Tournent et tournent
De tourment, bassement
Et s'envolent à la vie

Fruit tache d'azur

L'expiration des murmures
Atteinte pour que cela dure
Quintessence du livre
Que ne veulent recevoir les ivres
Enmanchés dans leur teintures
Entachés de leur parjures
Ils ne veulent taxer que les assises
Pour n'avoir à eux que place prise
Et de se retrouver, gueux
Perdus dans leurs innombrables jeux
A l'ombre de leur futur
Ne leur restent que quelques pelures
D'un fruit taché d'azur

Les Gonzagues de Saluste

C'est en tournant la rouvraie
   A l'entente de Saluste
   Que l'on offrit firmament
   Aux gonzagues mièvres
   Passés de l'ivraie
   A la graine de bonne
   Au suspens de la somme
   Ils nous voulaient ouverts
   Seuls juges de cet enfer
   Pour demeurer offrants
   A belle joie délivrée
   Sachant composer
   Tant de chants élimés
   Que l'on cessa d'écouter

De l'Idéalisme de l'homme

Qu'écoute la graduelle notion du temps
   Si ce n'est l'effluve rythmée des heures d'antan
   Où se secoue la fière ration nouvelle

Irradiée de foi et de raison sous tutelle
De savoir et de pensée toujours pesée
Par les garants bénis du bien-penser
Par leurs avoirs concis de fiel
Seront lotis en tours vermeilles
Toujours acquis dans le mystère pour l'homme com-
mun
Acquis de chaumes et du destin
Tergiverse et flambe danse sans pareil
Pour, durant des plombes, nul ne s'émerveille
Que du chemin parcouru et de l'outrance
Gracié sans pareil, tant à la chance

GABRIEL WAYENBERG

Rues vides

C'est par une passade pure
D'engouement attitré
Sur le bercail énoncé
Que se passe l'action, épurée;
Un garnement étrenné
Passait par là, engoncé
Libéré de ses peurs, rassuré
Et gentil de cœur
Il foulait la rue, assuré
Le pas non servile, échaudé
Tournant au rituel, passionné
Et sa tête de calebasse
Ne fut point attristée
De ne voir qu'un passant, affairé
Il se demanda: est-ce donc moi?
Mais non, car sans autre réaction
La pègre ne fit mine
Et remplit les rues à nouveau

Soupçon de Galabru

C'est en peu de temps
   Qu'à la face, converti
   Paraît un affictionnado
   Étranglé par le temps perdu
   Il recherche et prend son dû
   Amarré à l'enfante bénie
   Qui porte ses gènes
   C'est sa fille
   Il cherche misère aux gastéropodes
   Quoi de plus humiliant
   Pour lui qui rôde
   Affligé, sans vertu
   Il porte amarre, malotru
   Et suspecte sans accuser
   Le contrat de la fille du laitier
   Car
   Tout bien honni, qui mal y pense
   A veau-l'eau va la maxime
   Bourre-tête de cerfeuil
   Car l'entrée est à l'œil

Devenir père dans l'au-delà

       ◆ ◆ ◆

Tant de choix
   Celui-ci étant roi
   Celui de l'épouser

Et de la voir enfanter
S'offre à nous réel plaisir
D'ensemble en convenir
Tel un objet de mission
Qu'on convient, étalon
Base de mesure de référence
De ce qu'on aime à outrance
Afin de pouvoir le garder
Mais quand on quitte à qui se fier
Dans le nouveau monde
Que peut-on emporter
Si ce n'est une forme de nudité
A part ce que l'on a étudié
Rien ne peut se garder

Les choix de la foule

Par une heureuse brisure faite
Dans la ville commise de fait
La foule se joint au mystère
Ivre de ne savoir quoi faire
Elle guette un instant fatidique
Où elle pourrait s'avérer bénéfique
Comme jamais vu pour un tel ensemble
Il se peut qu'elle se masse et qu'elle tremble
Avisée de ne pouvoir choisir
De s'attitrer des choix d'individus
Et, se dispersant, de partir

Un amour oublié

C'est arrivé à l'emplacement du mystère
   Qu'un jeune appelé par les soins du ministère
   Se retrouve en guinguette sous le ciel du midi
   Où la piètre occasion se retrouva infamie
   Le pleutre sanglotant des affres de l'espère
   Lui trouva quelque raison de s'ébattre hors-misères
   Alloué d'une ou de deux heures d'esprit
   Seul, il décida de s'en prendre à autrui
   C'est ainsi que finit son tardif épanchement
   A savoir de la belle ne pouvoir se rappeler du nom de
   son amant

Leurre par la voie de la liesse

◆ ◆ ◆

C'est à l'emporte-pièce
   Que la clameur blesse
   L'appeau arrimé
   A la ceinture-bélier

Il sévit, étrange et biesse
Dans un cageot d'ombre et de liesse
Pour tant épris de la seule maîtresse
Disponible, en détresse
Il colle, tel du riz condé
Et s'approche, mal famé
De son ombre, épris, sieste
Il est le revers gauche de sa veste
Incarné et aliéné
Il s'engage dans une voie, leurré

GABRIEL WAYENBERG

L'audace du hobbit

Pour qu'habite un jour le hobbit
Sans sacrifier à l'histoire
Libéré de ses épans bleus
Il ne sait à quelle voie se lier
Au tournant de quelle lubie
Saura-il trouver l'essor
De sauvageonnerie à l'audace
N'y a-t-il pas libération?
De ne savoir qu'à la rosace
S'entraîne pour l'exécution
L'opérateur de mille cébastes
Entouré d'un ceste carillon
Déconfit de tant de classe
Pour son entrée au Panthéon

Rituelle Envie

Eternelle envie
  Absence de ritournelle
  En développement perpétuel
  De légende en si
  De n'être point si conflictuelle
  A la musique éternelle
  De tes sanglots râpeux
  Noyons si fort le poisson
  Pour qu'il transe à tire d'aile
  Les noyaux de notre coexistence
  En nous laissant sans nouvelles
  Tel un nouveau rituel
  A refaire souvent
  Pour que je ne m'en mèle

Orphelins desanchantés

◆ ◆ ◆

Élaborés
  Par prés de temps en fumée
  Hélice de gènes hérités

Et gain d'espace débridé
Nous sommes une génération
Peu prête d'être enchantée
Mais très portée sur les fruits
De nos jours écumés
Nous ne prêtons forme
A aucune espèce de traits
Pour nous retrouver dénichés
De nos mères enfantant sans prospects
Orphelins de nos cultures déracinées
Sans aide de l'hallali cité